ISBN 9783758300202
© 2023, Julia Leupers
1. Auflage 2023

Titelbild: lukasz-lada
Lektorat: Stefan und Tina Leupers
Herstellung und Verlag: BoD – Books on Demand, Norderstedt

MEINE BEGEGNUNG MIT GOTT

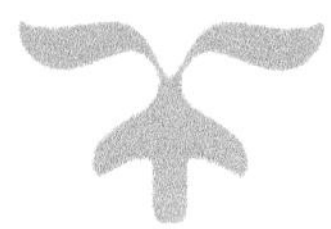

JULIA LEUPERS

Inhalt

30. Oktober 2021, Samstag 21:45

An diesem Tag habe ich gebastelt. Kleine Schmetterlinge an Fäden, und diese an meine Zimmer-decke gehängt. Es war ein wirklich schöner Tag.

Gegen Viertel vor zehn kam meine Mutter herein. Sie wollte gute Nacht sagen und sich mein Gebasteltes ansehen. Sie erklärte, wie sie es sich vorgestellt hatte, es allerdings trotzdem sehr schön fände. Ich wollte etwas sagen, jedoch kam ich nicht so weit, denn ich verschluckte mich. Es war nur eine kleine Süßigkeit (ähnlich wie Traubenzucker, nur härter) - lächerlich, wenn man drüber nachdenkt. – Ich habe etwas gehustet, dann auf meinen Rücken gezeigt, Mama hat auf diesen geklopft und alles war wieder okay. So muss es nach außen gewirkt haben. In diesen wenigen Sekunden ist allerdings so viel passiert.

Es gab einen Moment, da habe ich noch ein kleines bisschen Luft einatmen können. Und dann einen, bei dem gar keine Luft mehr in meine Lungen gelangen konnte. Mein erster Gedanke war: „Das war mein letzter Atemzug!" – Der Moment zwischen dem Atemzug, der keiner mehr war und dem Auf-den-Rücken-Klopfen waren Sekunden, vielleicht noch weniger. Und trotzdem ist so viel passiert.

Ehrlich gesagt, habe ich keine Ahnung, wie und wann ich auf meinen Rücken gezeigt habe oder überhaupt auf die Idee gekommen bin.

Erinnerungen

In der Situation saß ich auf meinem Bett und habe die ganze Zeit nach unten auf meine Bettdecke gesehen. Ich habe

keinen Moment aufgeguckt und doch ist so gut wie alles aus einem anderen Blickwinkel passiert.

Es war, als ob all die Schmerzen, die Angst und das Husten kurz weg wären. Anfangs habe ich es im Hintergrund gehört, doch wie durch Watte und von einer anderen Person. – Ich habe Bilder und Sätze gesehen, die an mir vorbeigerast sind. Und doch konnte ich sie wahrnehmen.

BLICKFELD

Wenn ich jetzt darüber nachdenke, erinnere ich mich an wenige davon. Direkt danach, fast keine. Je länger ich darüber nachgedacht habe, desto weniger bildlich war es. Erst über einen Monat später waren ein paar wenige Bilder, die ich noch im Kopf hatte, so bildlich, dass ich sie aufzeichnen konnte. – Ich glaube, jeder kennt den Ver-

gleich, dass einem „die Worte auf der Zunge liegen". Sie sind greifbar und doch kann man es nicht in Worte fassen oder in diesem Fall aufmalen. Genau dieses Gefühl hatte ich die letzten 6 Wochen mit diesen Bildern. – Direkt danach wusste ich nur noch, dass es viele Erlebnisse, insbesondere solche mit meinem (damals) vor kurzem verstorbenen Opa waren, sowie Träume und Ziele. Dinge, die ich nie erlebt habe. Als wolle Gott mir noch zeigen, was ich verpasse. Und, was mich überrascht hat: Momente, in denen ich entweder mit meinen Freunden gescherzt oder ernst gemeint gedacht habe (vieles unterbewusst), dass es einfacher wäre, jetzt zu sterben.

Bilder, die ich aufmalen konnte:

Situation 1 (Werkstatt)

Eine Situation mit Opa in seiner Werkstatt. Ich erinnere mich allgemein gut daran, nur dass der Blickwinkel ganz anders ist, als ich ihn in Erinnerung hatte oder es Fotos gibt. Es ist eine lautlose, bewegliche Situation. Opa lächelt, sieht mich an, lacht dann, ich lache auch, er guckt weg, immer noch lächelnd, und reicht mir eine Schachtel mit Nägeln oder Schrauben.

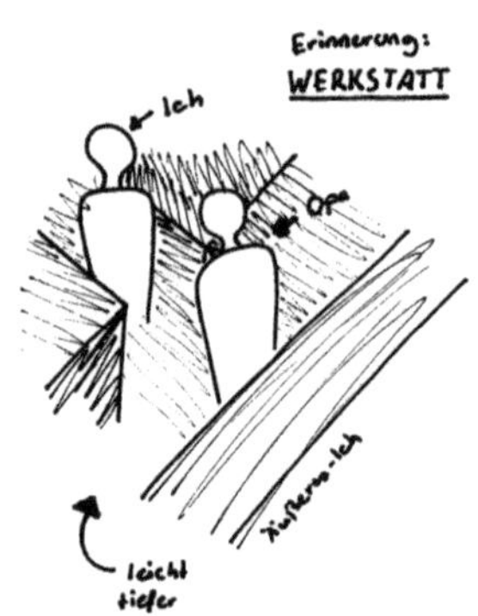

Situation 2 (Taufe)

Die zweite Situation - und das ist auch die, die mich zurzeit am meisten verwirrt - spielt sich in meiner Kirche ab. Diese

Situation ist lautlos und starr. Ich stehe oder sitze in den Bänken (rechte Seite, circa 4. Reihe). Vor und neben mir sitzen fremde Leute. Vorne, vor dem Altar, stehen Personen und ein Taufbecken (links nach rechts: Opa, ich schräg davor, Papa, mittig unser Pfarrer, rechts Oma (väterlicherseits), Mama mit Baby auf dem Arm, schräg dahinter Oma (mütterlicherseits). Alle sind jünger. Ich bin dann zu dem Zeitpunkt 3 Jahre alt und das Baby ist meine kleine Schwester. Ich kann keine genauen Gesichter erkennen, aber ich weiß, wer wer ist. Ich habe alle Möglichkeiten abgeklappert, um Fotos von dieser Situation zu bekommen, um nachzugucken, ob wir wirklich so standen, aber niemand hat Fotos oder erinnert sich genau daran. Bisher hatte ich auch keine Erinnerung daran. Ich war ja auch erst drei Jahre alt. Ich kann es mir auch nicht nur alles zusammengereimt haben. Außerdem sehe ich alles wieder als Zuschauer.

Situation 3 (Konfirmation)

Das dritte Bild, an das ich mich bildlich erinnere, spielt sich wieder in unserer Kirche ab. Allerdings aus dem großen Saal heraus (Blickrichtung Kirchraum). Es zeigt meine Konfirmation. Ich vermute, dass es Opas Blickwinkel war. Er war einer der wenigen Personen, die ich bei meiner Konfirmation von meinem Platz aus sehen konnte. Ich sehe in der Situation eine Leinwand, die den Altar zeigen muss. Das alles steht allerdings nicht im Fokus,

sondern daneben ich. Ich stehe lächelnd, nach vorne sehend in der Bank. Davor und dahinter sind noch andere Leute, die aber auch unscharf sind. Alles ist unscharf und unwichtig, nur ich bin scharf und detailliert, als würde ich sofort vor mir stehen. Ich erkenne mich als mich selbst und doch habe ich das Gefühl, das gleiche zu fühlen wie die Person, aus deren Sicht ich sehe. Stolz. Das ist noch ein Grund, warum ich glaube, dass es Opa war. Es ist ein starres Bild, aber ich glaube, dass ich leise Orgelmusik, vielleicht sogar mit Gesang, hören kann.

Situation 4 (Konzert)

Die vierte Situation hat mich am Anfang sehr verwirrt, weil
sie eine Situation zeigt, die ich nicht erlebt haben kann. Ich

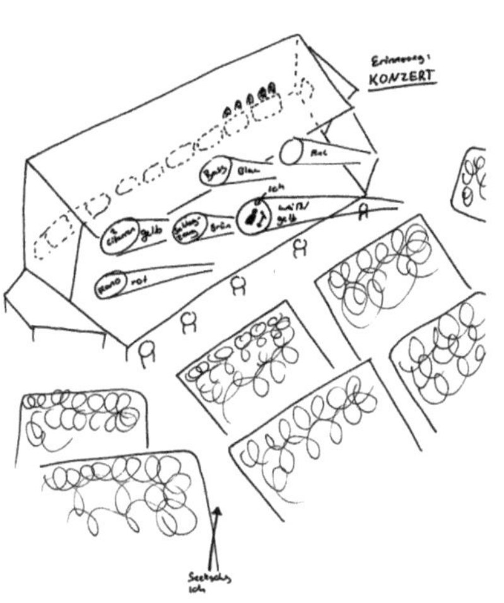

war noch nie auf
einem Konzert und
erst recht nicht auf
der Bühne. Außerdem
kommt mir der Blick-
winkel wieder so vor,
als würde ich schwe-
ben. Ich sehe eine
riesige Bühne, davor
einige Leute von der
Security und Publi-
kum. Eine riesige
Menge von Leuten
eine Halle mit Rängen
etc. Auf der Bühne stehe ich mit einem Mikrofon. Ich bin so
klein auf der großen Bühne, dass ich mich nicht erkenne.
Aber ich weiß, dass ich es bin, und ich spüre die positive
Ausstrahlung von diesem „Ich". Ich bin unglaublich glücklich.
Ich weine fast. Ich gehe einen kleinen Schritt vom Mikro weg
und merke, dass das Publikum singt. Meinen Song singt. Ich
weiß nicht was für einen, aber ich höre sie singen. Eigentlich
nicht, aber ich weiß, dass sie singen. Das „Ich" auf der Bühne
wird von einem weiß-/ gelblichen Scheinwerfer angestrahlt,
hinter mir befindet sich ein Pianist im roten Licht, 2
Gitarristen in Gelb, 2 Schlagzeuger in Grün, ein Bass in Blau
und weiter rechts einen rosa Lichtstrahl, aber ich weiß nicht,
ob oder wer da steht. Nach hinten wird die Bühne dunkler,

aber ich sehe einige Kisten mit Elektronik, einige Leute, die sich darum kümmern und eine Tür hinten rechts. Dort kommt eine junge Frau heraus und stellt sich zu ein paar Männern bei den Kisten.

Situation 5 (Opas Tod)

Die fünfte Situation zeigt wieder eine Situation, die ich nicht kenne. Ich war über 600 Kilometer davon entfernt. Sie zeigt den Tod meines Opas. Ich stehe am Fußende, beziehungsweise ich befinde mich fast unter der Decke. Ich sehe Opa im Bett liegend. Ich erkenne keine Gesichter. Oma kniet neben ihm, hält seine Hand und weint. Er lächelt sie an, dreht den Kopf weg, schließt die Augen und seine Mundwinkel gehen langsam runter. Oma senkt den Kopf, küsst seine Hand und weint. Ich fühle dabei überraschend wenig. Es ist, als wäre ich ein Engel, der die Seele von diesem Menschen in den Himmel begleiten will und nur noch darauf wartet, bis seine Seele bereit ist, den Körper zu verlassen. Ich traue mich nicht, meine Oma zu fragen, ob es wirklich so aussah, da es ein heikles Thema ist und ich Angst habe, es könnte nicht so gewesen sein. Einige Tage, nachdem ich von seinem Tod erfahren habe, hat sich ein ähnliches Bild in meinem Kopf festgesetzt. Es zeigt eine ähnliche Situation, nur aus der Sicht der Küche. Ich sehe wegen Oma nicht viel. Diese Situation ist bewegt und ohne Ton.

Situation 6 (Meer)

Die sechste und bisher letzte Situation, die ich aufzeichnen konnte, zeigt erneut eine Situation in der Zukunft. Ich stehe

auf einer Klippe. Rechts steht ein Wohn-Van, unten ist Gras, hinter der Klippe das Meer und Strand, am Horizont geht die Sonne auf und viele kleine Wolken ziehen vorbei. Sie erinnern mich an Schäfchen. Ganz rechts ist noch ein großer dunkler Fels. Das Meer bewegt sich so wie das Gras. Außerdem höre ich das Meer rauschen und rieche den Kaffee, Salz und Gras. Es riecht gut.

Anmerkung

Diese Erinnerungen, oder vielleicht trifft es Lebensrückschau auch ganz gut, war sowohl von positiven als auch negativen Gefühlen bestückt. Es hat sich sowohl so angefühlt, als könnte ich alle positiven Erlebnisse noch einmal durchleben, als auch, dass mir all meine schlechten Taten vorgehalten werden. – Ich habe das Gefühl, dass es sich etwas anders abgespielt hat als bei Menschen, die wirklich in den Himmel gehen. So als ob mir nur gezeigt werden sollte, wie wertvoll das Leben ist, dass man es genießen sollte, nichts Schlechtes tun soll, und was mich noch alles erwartet, sodass ich nie die Hoffnung verliere.

Die „Ichs"

Markolf H. Niemz beschreibt in seinem Buch „Bin ich, wenn ich nicht mehr bin?" 5 Phasen, die bei einigen Menschen erkennbar sind, die Nahtoderfahrungen durchlebt haben. (Darauf komme ich später noch einmal zurück.) Die 2. Phase ist die „Außerkörperliche Erfahrung". Ich habe das noch einmal in drei Sichtweisen aufgeteilt:

1. Das „Irdische-Ich": Das ist im Grunde der Normalzustand eines Menschen. Ich sehe durch meine eigenen Augen, habe einen Körper, den man sehen und anfassen kann und ich auch als meinen eigenen wahrnehme. Ich denke und fühle (usw.) wie ein Mensch.

2. Das „Seelische-Ich": So stelle ich mir das Sein im Himmel vor. Ich habe keine Angst, Schmerzen oder schlechtes Gewissen mehr. Allerdings immer noch die gleiche Denkweise und das gleiche Wissen, wie auf der Erde, vielleicht sogar etwas mehr. In diesem Zusammenhang möchte ich noch den Begriff Engel äußern.

3. „Äußeres-Ich": Das ist eine Person, ein Engel oder die Seele eines anderen, schon (längst) verstorbenen Menschen, mit dem Wissen, was kommt und dass es nicht schlimm ist. Ich kann die anderen beiden Ichs aus der Sichtweise sehen, erkenne sie allerdings nicht immer sofort als meine eigenen. Ich kann Mitleid verspüren oder die Gedanken dieser Seele mitbekommen.

Die „Erinnerungen" lassen sich diesen drei „Ichs" zuordnen:

1. Werkstatt   Äußeres-Ich
2. Taufe   Äußeres-Ich
3. Konfirmation   Äußeres-Ich (Opas Sicht??)
4. Konzert   Seelisches-Ich
5. Opas Tod   Äußeres-Ich
6. Meer   Irdisches-Ich

Angst

Insbesondere vor, teilweise während und kurz nach den Erinnerungen habe ich eine Angst gespürt. Eigentlich sogar richtige Panik. Als könnte ich die Angst sehen, wie sie von allen Seiten auf mich zukommt, meinen Körper umschlingt und sich in meinem Herzen festsetzt. Wie Schlangen, die auf mich zu geschlängelt kommen, ich von ihnen wegwill, sie sich aber einen Weg bis zu meinem Herzen bahnen und sich dort wie in einem Nest einschlängeln. Und was sie auslösen, ist Angst und eine innere Unruhe.

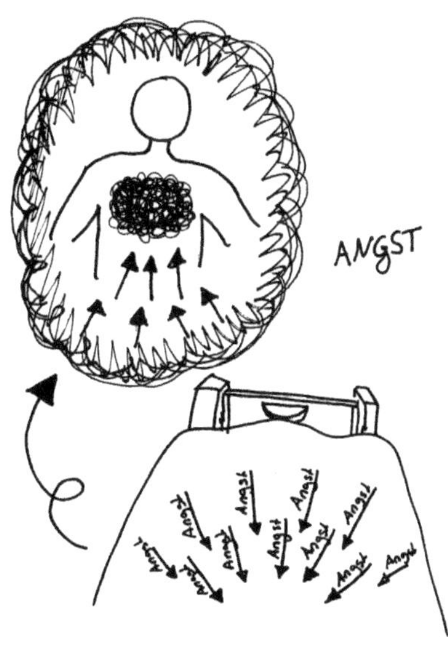

In dieser Angst kamen Sätze in meinen Kopf. Ich erinnere mich nicht genau, aber so etwas wie:

Ich habe nicht gelebt

Ich hätte mehr Menschen helfen können

Ich hätte so viel erreichen können,
aber ich wollte ja scheinbar nicht

Es gibt so viel was ich noch gesagt,
gemacht, erlebt haben will, bevor das
hier schon zu Ende ist

Ich glaube, Gott wollte, dass ich das in dem Moment denke. Ich bin ein Mensch, der oft Bedürfnisse anderer über meine eigenen stellt, auch wenn die anderen es häufig nicht mitbekommen, und habe ein schlechtes Gewissen, wenn ich gerade einfach mal nichts für die anderen tun kann. Doch reicht das?? – Außerdem ging es viel um mein Leben, das, was ich erreicht habe, oder eben nicht. Ich hätte gedacht, dass ich mehr an das denke, was ich hinterlasse und nicht, dass ich mal frei bin. Was mich verwirrt, ist, dass meine Familie zu verlassen nicht bei der Angst dabei war.

Ich hatte wirklich Angst, dass ich das nicht überlebe, dass ich meine Ziele und Träume nicht erreichen kann.

Der Tod

Während ich gehustet habe, hatte ich das Gefühl, eine Art Schatten hinter mir zu spüren. Es war nicht unangenehm, im Gegenteil. Es wurde wärmer, sicherer und irgendwie geborgen. Ich habe mich irgendwie sicher gefühlt. Ich war nicht mehr allein. Der Schatten „umarmte" mich von hinten. Wie als ob dieser schwarze Schatten sich über mir aufbäumte und seine „Arme" von hinten um mich legte. Ich konnte die „Arme" nicht so spüren, wie man das vom menschlichen Körper kennt, weil es kein Mensch ist, aber ich wusste, dass sie es tun. – Es fühlte sich an, als ob er mich leicht anhob, und mir somit die Möglichkeit gabt, mich umzusehen. Das war der erste Punkt, bei dem ich den irdischen Körper, das Irdische-Ich verlassen konnte und somit zum Seelischen-Ich wechselte. Erst in dieser „Gestalt" hatte ich die Möglichkeit, die Erinnerungen zu sehen. – Es war der Tod. Der Schatten hinter mir war der Tod. Frag mich nicht, warum ich mir da so sicher bin. Bei Gott ist vieles anders, als wir es kennen. So auch das Wissen. Man kann es nicht beschreiben, es ist einfach klar. (Ich komme später noch einmal darauf zurück.)

In diesem Bereich der Situation habe ich noch einmal meinen Körper verlassen. Es muss in das Äußere-Ich gewesen sein, denn ich habe keine Art von Gedanken oder Gefühlen gespürt. Weder eigene, noch fremde. – Ich sehe mich auf dem Bett sitzend, erkenne mich

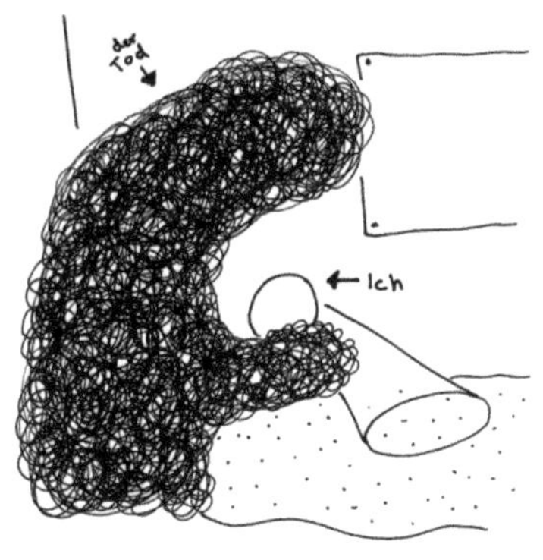

allerdings gar nicht als mich selbst. Hinter „mir" (dem Irdischen-Ich) der Schatten, der Tod. Ich möchte noch kurz erwähnen, dass der Tod in meinem Erlebnis nicht die typische Figur ist, die man aus Filmen kennt. Begriff:

Sensenmann. Das ist nicht so. Ich will mich nicht darauf festsetzen, dass der Tod immer in Gestalt eines Schattens kommt. Vielleicht gibt es ja wirklich den Sensenmann, nur war er bei mir warm und sicher. Er ist nicht böse. Er ist lediglich eine Art Bote Gottes.

Blick in den Himmel

Dadurch, dass der Tod mich hochhebt und ich zum Seelischen-Ich wechsle, kann ich nach leicht rechts-oben sehen. Es sieht so aus, als ob sich meine Zimmerdecke geöffnet hätte. Dahinter die dunkle Nacht. Noch viel weiter hinten befindet sich ebenso ein Loch in der Wolkendecke. Dort stehen 5 „Personen" im Gegenlicht. Das Licht blendet jedoch nicht. Von dem Wolkenloch bis zu mir ist eine Art Weg. Zuerst dachte ich

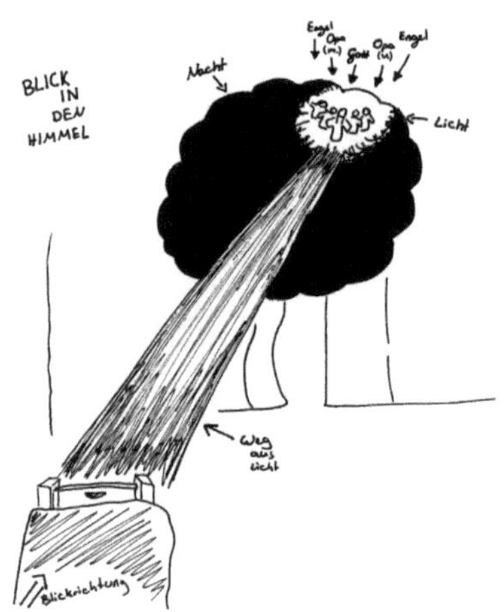

es wäre Glas, aber schnell habe ich gemerkt, dass es Licht ist. – Auf der Erde gibt es verschiedene Lichtfarben (weißes Licht, gelbes, blaues, grünes, rotes, warmes, kaltes, etc.) aber im Himmel gibt es das nicht, da hat Licht keine Farben und doch alle gleichzeitig. Es ist unmöglich, sich das vorzustellen, wenn man es noch nie gesehen hat. Und wenn man es gesehen hat, kann man es nicht mit Worten beschreiben. Man sagt, man kann sich keine Farbe ausdenken - Gott kann es.

In der Mitte der Wolken steht Gott. In der Bibel heißt es, man soll sich kein Bild von Gott machen (vgl. 2. Mose 20,4). Ich glaube, das kann man auch nicht. Gott hat sich mir nur zu einem gewissen Grad gezeigt. Dennoch habe ich ihn gesehen. Es hat mich lange beschäftigt, da laut den 10 Geboten eben genau das nicht passieren soll. In dem Zusammenhang habe ich die Worte meines Pfarrers im Kopf. Ich solle diese Begegnung als *„Geschenk Gottes"* sehen. Und ich finde diese Ansichtsweise wirklich schön. – Ich glaube, jeder Mensch sieht Gott anders. Ich glaube, dass Gott nicht „das eine Aussehen" hat, wie wir Menschen. Theoretisch kann er jeden Tag oder für jeden Menschen anders aussehen; siehe Kapitel „Gottesbild" (Seite 36ff). – *An dem Tag* habe *ich* ihn so wahrgenommen:

In einem langen, weißen Gewand, mit ausgestreckten Armen, als wolle er mich willkommen heißen. Auf seine Füße habe ich nicht geachtet, er könnte barfuß gewesen sein, oder keine gehabt haben. Ich weiß auch nicht, ob er auf der Wolke gestanden hat oder darin geschwebt ist. Aber vor allem hatte er nicht wirklich ein Gesicht, dennoch sah es einfach normal aus. Er hat gelächelt. Obwohl er kein Gesicht hatte, was übrigens keinesfalls spooky aussah, wusste ich, dass er lächelte. Ebenfalls hatte er lange, hellbraune, lockige Haare und einen ebenso langen und lockigen Bart.

Leicht links hinter ihm stand mein Opa mütterlicherseits (damals kürzlich verstorben). Auf der rechten Seite mein Opa väterlicherseits, welchen ich leider nur von Bildern kenne.

Schräg hinter ihnen stand jeweils ein unbekannter Engel. Ich habe keine Ahnung, wer sie sind, aber ich bin mir sicher, dass ich sie wiedersehen und dann erkennen werde. Alle trugen ebenfalls ein langes, weißes Gewand, hatten kein Gesicht, lächelten. Auch hier weiß ich nichts über die Füße. Diese vier Personen sind Engel. Und zwar so wie wir uns Engel vorstellen, mit Flügel und Heiligenschein. Wobei ich die Farbe wieder nicht sagen kann. In einem Moment bin ich mir sicher, die Flügel waren weiß und im nächsten Gold, oder haben sie doch regenbogenfarbig geschimmert?? – Ich hatte das Gefühl, dass sie nur für mich diese Gestalt angenommen haben, damit ich sie sehen kann.

Auch wenn es sich gut angefühlt hat, in den Himmel, zu Gott zu dürfen, hat sich meine Seele dagegen gesträubt.

Beispiel Lagerfeuer: Dem Feuer zugewandt ist es warm, weich, leicht, man fühlt sich sicher und geborgen. Man sitzt gerne dort, aber wenn jemand in deinem Rücken steht, dir etwas zeigt, was du gerne magst, vielleicht dein Lieblingsessen, eine Chance oder Menschen, die du gerne magst, dann würdest du wahrscheinlich vom Feuer weggehen, auch, wenn es dort schön ist. Später kannst du immer noch dorthin zurück gehen. Das Lagerfeuer ist der Himmel und hinter mir befindet sich die Erde, auf der meine Familie ist, meine Freunde, mein Lieblingsessen, Träume und Chancen und mein ganzes Leben. – Ich wollte auf die Erde zurück! Und diese Erkenntnis hat mir Tränen in die Augen gejagt...

Zukunftsszenario

Direkt danach hatte ich Bilder im Kopf, die sich etwas weiter weg angefühlt haben. Inzwischen bin ich mir sicher, dass sie dazugehören und nicht nur Phantasie waren.

Ich sehe durch die Augen des Seelischen-Ichs. Ich „gehe" auf dem Weg aus Licht. Diese Szene ist so ein Punkt, an dem ich mal wieder merke, wie anders der Himmel ist. Die Wolkenöffnung, in der Gott stand, sah nicht mehr so weit weg aus, und doch konnte ich mich nur schwer nähern. Ich könnte auch nicht angeben, wie viele Meter oder gar Kilometer es waren. Es gibt keine Entfernung. Auf etwa der Hälfte des Weges bin ich stehengeblieben. Der Tod hat die ganze Zeit einen „Arm" um mich gelegt. Ich spüre ihn nicht, ich weiß, dass er mich hält. – An diesem Punkt hatte ich einen Perspektivenwechsel zum Äußeren-Ich. Ich sehe den Weg aus Licht von der Seite. Darüber und darunter, schwarze Nacht, mit ein paar Sternen (also wie wir es kennen). Links befindet sich das Wolkenloch, in der ich aus dem Blickwinkel nur schwach Gott sehe. Rechts sehe ich durch das Loch des Hauses. Mir fällt auf, dass ich weniger auf Haus, Dach und

Garten achte, sondern nur auf den Ausschnitt, in dem sich das Irdische-Ich befindet. Es sitzt, wie bekannt, auf dem Bett und hustet. Ich erkenne es nicht sofort als mich selbst. Mein Fokus liegt allerdings auf dem Seelischen-Ich und dem Tod auf dem Lichtweg. Ich sehe noch einmal die letzten „Sekunden", die ich gerade aus den Augen des Seelischen-Ichs erlebt habe. Es geht oder schwebt auf dem Weg aus Licht. Der Tod hat einen „Arm" um es gelegt. Es bleibt stehen und fängt plötzlich an sich zu wehren, um sich zu schlagen und zu treten. Es schaut zurück auf den hustenden Körper, in dem es mal gesteckt hat. Ich (das Äußere-Ich) spüre so etwas wie Mitleid. Ich glaube, ich habe in der Situation gedacht und gefühlt, wie ein Engel, der schon länger im Himmel ist. Dieser Engel weiß, was nach dem Tod passiert und wie „freundlich und gnädig" (die Worte des Engels) der Herr ist. Einfach, was mich erwartet und dass es nicht schlimm ist. Außerdem fand der Engel es schade, dass ich noch so jung bin. Des Weiteren glaube ich, dieses Bild hat den Engel an den eigenen Tod erinnert. Ich habe keine Ahnung, wie es passiert ist, aber ich habe eine Art Bedrückung gespürt. Ich habe keine Ahnung, wie ich darauf komme, aber irgendwie hatte ich das Gefühl, dass der Engel so um die 30 Jahre alt ist und weiblich. Ein Gedanke ist mir besonders im Kopf hängengeblieben. Ich glaube, die Frau war schwanger oder hatte ein kleines Kind (höchstens 6 Jahre alt). Erst dachte ich, sie wären gleichzeitig gestorben, aber ich sehe aus der Vogelperspektive ein kleines Kind in einem Sandkasten spielen. – Ich finde es noch wichtig zu erwähnen, dass das Seelische-Ich auf dem Licht-weg zwar geweint und geschrien hat, ich aber keinen Laut gehört habe. Ich habe nichts gehört. Ich war noch nie an einem so leisen Ort. Es gibt keinen so leisen Ort, weil dort nichts war. Weder laut noch leise. NICHTS.

Ich habe den „Körper" des Äußeren-Ichs/Engels wieder verlassen und wieder durch die Augen des Seelischen-Ichs gesehen. Die gesamten Gefühle des Engels waren weg, das Mitleid, aber auch der mentale Abstand zu mir. Ich habe nur noch Verzweiflung gespürt. Ich wollte um jeden Preis zurück in meinen irdischen-Körper. Auch wenn das heißt, dass all die Angst, Schmerzen und Sorgen zurückkommen werden. Einige Sekunden habe ich (Seelisches-Ich) mich noch gewehrt, wie ich es schon aus der Perspektive des Engels gesehen habe. Dabei habe ich etwas gespürt, was mich davon abgehalten hat, zurückzulaufen. Mit menschlichen Worten waren es zwei Arme, die sich um meinen Körper gelegt haben und mich sanft, aber bestimmt festgehalten haben. Es waren nicht wirklich Arme, aber man kann diesen Schatten, der den Tod darstellt, nicht beschreiben. Nach ein paar Sekunden, ich weiß nicht, wie lange es war, ich glaube, so etwas wie Zeit gibt es im Himmel nicht, habe ich mich wieder beruhigt, als ob ich es eingesehen hätte.

All die Gedanken, Gefühle, Handlungen und Perspektivenwechseln kommen mir sehr, sehr vertraut vor. Aber gleichzeitig auch sehr fremd, als ob ich die Story erzählt bekommen habe und mich einfach nur gut da hineinversetzen kann. Ich konnte die Handlungen und Perspektivenwechsel nicht beeinflussen und auch die Gedanken und Gefühle haben sich anders angefühlt als auf der Erde, irgendwie intensiver.

Ich schweife ab. Also das Seelische-Ich hat sich noch ein bisschen gewehrt, ist dann aber ruhig geworden. Ich habe runter gesehen auf meinen Körper (Irdisches-Ich). Ab da hatte ich keine Gefühle mehr. Der Tod hat mich noch etwas festgehalten, dann aber den Griff gelockert und nur noch wie „ein Arm um meine Schulter oder Hüfte gelegt". So genau weiß ich das nicht. Mein Blick war auf mich Irdisches-Ich gerichtet. Da bin ich wieder bei dem Punkt Entfernung. Dieses Loch in der Decke war wie rangezoomt.

Die folgenden Situationen haben so nie stattgefunden. Sie zeigen Bilder des Irdischen-Ichs, welches dies nie erlebt hat. Das hat mich lange verwirrt. Ich dachte, dass sie im Nachhinein meiner Phantasie entsprungen seien, aber inzwischen bin ich mir sicher, dass Gott wollte, dass ich das sehe.

Tod eingesehen

Ich sehe, wie das Irdische-Ich auf dem Bett sitzt und hustet. Plötzlich hält es inne und fällt zurück aufs Bett, wo es mit geschlossenen Augen liegen bleibt. – Mama, die ich bisher in keiner Situation wahrgenommen hatte, kommt ans Bett, kniet sich hin, nimmt meine Hand und fängt an zu weinen.

Papa

Ähnliches Bild, nur, dass Papa neben Mama kniet, auch eine Hand auf meiner und den anderen Arm um Mama gelegt.

Arzt

Ich sehe meine Zimmertür, durch die zwei Sanitäter kommen. Ich könnte sie nicht beschreiben oder wiedererkennen. Aber der erste ist vielleicht um die 40 Jahre alt und der zweite ungefähr 20. Ich glaube er ist relativ neu in dem Job. Er wirkte zurückhaltend.

Untersuchung

Wieder das Bett mit mir darin. Unverändert. Mama und Papa stehen am Fußende. Mama weint und hat ihren Kopf auf die Schulter von Papa gelegt. Er hat einen Arm um sie gelegt. Der ältere Sanitäter misst meinen Puls und hört mich ab (oder so ähnlich).

Diagnose

Entgegengesetzter Blickwinkel. Ich kann meinen Körper nicht mehr sehen, dafür meine Eltern. Der ältere Sanitäter richtet sich auf und dreht sich zu ihnen. Ich höre keinen Ton, aber ich weiß, dass er „Tut mir leid. Wir können nichts mehr für sie tun." gesagt hat. Mama fängt heftiger an zu weinen. Papa und der Jüngere senken den Kopf. Der Ältere nickt noch einmal langsam und senkt auch den Kopf.

- Ende des Erlebnisses -

Nachdem Mama mir geholfen hat, ging es wieder und ich konnte meinen Satz beenden. – Mama meinte aus Spaß: „Habe ich dir gerade das Leben gerettet?" – Ja, irgendwie schon, glaube ich. Ob ich jetzt wirklich gestorben bin, sei mal dahingestellt, aber es hat sich so angefühlt und ich habe etwas erlebt, Bilder gesehen und Sachen gefühlt, wovon nur wenige Menschen erzählen können. Es sollte so sein und es fühlt sich richtig an. Ich bin dankbar dafür, dass ich das erleben durfte. Nur fühlt es sich anders an. Es gibt so viele Menschen um mich herum, bei denen ich das Gefühl habe, sie würden es nicht verstehen. Das ist überhaupt nicht böse gemeint, aber sie glauben nicht so an Gott, wie ich es tue. Gläubig zu sein, ist in unserer Gesellschaft schon fast ein Grund, abgestempelt zu werden.

Fast direkt nach dem Erlebnis habe ich meinen Eltern, unabhängig voneinander, erzählt, was passiert ist. Wobei ich es, unabsichtlich, verharmlost und nicht so detailreich erzählt habe. Beide haben unabhängig voneinander gesagt oder gemeint, ich hätte zu viel Phantasie. Was ich ihnen wirklich nicht übelnehmen kann. Man kriegt schließlich nicht jeden Tag vom eigenen 15-Jährigen Kind erzählt, dass es das Gefühl hatte zu sterben. – Das hat mich total verunsichert. Trotzdem weiß ich, dass man sich so etwas nicht ausdenken kann.

Gespräch mit meinem Pfarrer

Zwei Wochen später habe ich mit meinem Pfarrer geredet. Davor habe ich immer wieder überlegt, ihn nach dem Gottesdienst anzusprechen, aber es waren immer andere Leute dabei und ich wusste nicht, wie ich anfangen sollte, obwohl ich dieses Gespräch diverse Male im Kopf durchgegangen bin. – Dienstag, später Nachmittag: Ich bin Teamerin der Konfirmandengruppe. Ich war schon fast draußen, da habe ich den anderen Teamer*innen (Freund*innen) gesagt, sie sollen schon einmal vorgehen. Ich bin wieder zum Pfarrer reingegangen und habe angefangen, vor mich hinzustottern. Doch schwerer als gedacht. Ich habe in etwa gesagt: „Mir ist vor ein paar Wochen etwas passiert, was ich gerne mit Ihnen… teilen würde." Danach war Stille. Er hat mich eingeladen uns noch einmal zu setzen. Und ich habe angefangen zu erzählen. Von vorne bis hinten. Naja, eigentlich ziemlich kreuz und quer. Erst als ich aufgehört habe zu erzählen, habe ich gemerkt, dass ich ihn total ausgeblendet habe und er auch bisher nichts gesagt hatte. – Während des Redens habe ich und insbesondere meine

Hände total gezittert und auch meine Stimme war brüchig und zitterte. Der Pfarrer meinte später, er hätte Angst gehabt, ich würde in Tränen ausbrechen. – Nachdem ich fertig war, war kurz Stille und dann hat er einen Satz gesagt, der mir noch immer im Ohr nachklingt: *„Du hattest eine Nahtoderfahrung… krass"*. Ich hatte mir schon so etwas in diese Richtung gedacht, aber es passte nicht ganz damit zusammen, was ich schon gehört hatte (werde ich noch widerlegen), weshalb ich es mir versucht habe, auszureden. Ich hatte auch keinen Herzstillstand. Ich habe lediglich ein paar wenige Sekunden keine Luft bekommen, weil ich mich verschluckt habe. Hört sich lächerlich an, oder?? Und warum sollte ausgerechnet ich so etwas erleben dürfen?? Aber dieser Satz aus dem Mund eines Pfarrers und dann auch noch mit der perfekten Betonung hat mir irgendwie die Bestätigung gegeben.

Wir haben uns noch länger unterhalten und mir fällt auf, dass ich es nirgendwo verharmlost habe, und vor allem habe ich das erste Mal meinen Glauben nicht geleugnet. Es tat gut, darüber zu sprechen, und ich hatte das erste Mal das Gefühl, in diesem Thema verstanden zu werden.

Ich möchte dazwischenschieben, dass ich direkt nach dem Erlebnis sehr erschöpft war. Sowohl körperlich, durch das Husten und nach Luft schnappen, als auch mental, durch die schnell wechselnden Eindrücke und ungewohnten Dinge war es sehr anstrengend. – Direkt danach habe ich mich schwach gefühlt und hatte Gedanken wie: „Was wäre, wenn ich Mama kein Zeichen gegeben hätte?" „Es wäre einfacher, wenn ich bei Gott geblieben wäre." Aber diese Gedanken wurde schnell vertrieben, denn die Stärke überwog.

Mir hat letztens jemand einen Satz gesagt, der mich beschäftigt (auch wenn es in leicht anderem Content war): „Vielleicht gibt es einen Teil in dir, der nicht mehr leben möchte." Ich bin mir sicher, den gibt es. Den gibt es in jedem Menschen, bei manchen ist er kleiner, bei anderen ist er größer. Ich habe es anhand dieser Gedanken, die mich schwach gemacht haben, gemerkt. Aber ich habe gelernt, wie wertvoll das Leben ist. Meine Seele wollte unbedingt zurück auf die Erde. Und ich kann sagen, ich genieße mein Leben in vollen Zügen, denn ich weiß, Gott ist immer bei mir.

Gott wollte mir ein Zeichen geben. Ich habe irgendetwas zu tun, bevor er mich bei sich aufnimmt. Aber er ist immer bei mir und für mich da. Er wollte mir zeigen, dass wir keine Angst vor dem Tod zu haben brauchen, nur davor nicht gelebt zu haben.

Ich habe Angst vor dem Tod – NEIN

Ich habe Angst zu sterben – NEIN

Ich habe Angst zu sterben, bevor ich wichtige Dinge gesagt habe!

Ich habe Angst mich nicht verabschieden zu können!

ICH HABE ANGST NICHT GELEBT ZU HABEN!!

Mächtige Momente

Am nächsten Tag war Reformationstag. Ich war im Gottesdienst und da gab es einen solch mächtigen Moment. Er hat mir eine solche Kraft gegeben, das kann man nicht beschreiben. – Ich bin gerne allein im Feld unterwegs. Am liebsten mit Musik und bei Sonnenuntergang, wenn die Wolken angeleuchtet werden. Abgesehen davon, dass man den Gedanken freien Lauf lassen kann und dort gut beten kann, ohne dass man gestört wird, spüre ich dort die Präsenz Gottes besonders deutlich. Der Himmel ist komplett frei von Häusern und künstlicher Beleuchtung. Dort habe ich besonders das Gefühl, dass er mich sieht und mir Kraft schenkt. Ein paar Mal hatte ich sogar das Gefühl, Jesus würde mich in den Arm nehmen oder direkt hinter mir stehen. Ähnlich wie bei dem Schatten. Man spürt keine direkte Person, aber es fühlt sich so an, als ob man berührt wird und alles ist plötzlich warm und erfüllt.

Noch so eine Macht und Kraft habe ich bei dem Gespräch mit meinem Pfarrer gespürt. Wir haben gebetet. Also eigentlich hat nur er geredet. Das war ein so beeindruckender Moment, ich war sprachlos. Jemand betet mit einem, über einen selbst. Man muss nichts tun und alles passt so perfekt. Dazu kommen die Pausen, in denen die Worte nachklingen und wirken können. Er hat mir Zeit gegeben, etwas zu sagen oder still zu beten. Ich konnte nichts sagen, aber in mir waren so viele Worte, die meine Lippen nicht verlassen konnten, weil es keine Töne dafür gibt, aber ich bin mir sicher, Gott hat sie gehört. – Danach war eine Zeit lang Stille. Und das sind Gespräche, die ich liebe. Gespräche mit Pausen, in denen das

Gesprochene wirken kann und man Gedanken in Worte fassen kann. Es ist nicht wie in der Schule oder am Esstisch, wo alle gehetzt sind, man sofort unterbrochen wird, das Thema schneller gewechselt wird, als man denken kann oder man gefragt wird, ob da noch etwas komme.

Nach dem Gespräch haben wir noch die Lichter in der Gemeinde und Kirche ausgemacht. Ich bin dankbar dafür, dass ich nicht sofort allein war. Als wir draußen waren und ich zurückgelaufen bin (Feld, Musik, Sonnenuntergang) habe ich tatsächlich geweint. Das habe ich nicht erwartet. Vielleicht doch zu viele beindruckende Momente. Aber ich war dann doch froh, allein zurücklaufen zu können – Gedanken sortieren.

Macht

Gott ist so mächtig, dass man es nicht in Worte fassen kann oder in Bildern festhalten kann.

Beim längeren Nachdenken über mein Erlebnis sind mir sieben Punkte aufgefallen, die im Himmel anders sind. Es ist jedoch schwierig bis unmöglich diese in Worte zu fassen oder in Bildern zu zeigen:

Zeit – Farbe – Wissen – Gefühle –
Identität – Geräusche – Entfernung

1. Zeit

Bei Gott ist Zeit egal. Es ist die Ewigkeit. – In einem Bericht von Sabine (38), in dem es um ihre Nahtoderfahrung geht, formulierte sie es so: „Zeit spielte keine Rolle mehr. Ich war eingetaucht in die Unendlichkeit." Das war der Satz, der mich auf meinen ersten Punkt brachte. – Auf der Erde waren es Sekunden. Der gesamte Rest deutlich mehr, und doch irgendwie nicht, weil es keine Zeit gibt.

2. Farbe

Bei Gott gibt es keine Farben und doch irgendwie alle. Insbesondere Licht ist dort ganz besonders. – Man sagt, dass man sich keine Farben ausdenken kann. Gott kann es. – Zum Punkt Farbe würde ich auch die Sache mit den Gesichtern packen. Bei Gott gibt es keine Gesichter. Aber das ist auch egal, denn man spürt und weiß wer, wer ist. Es ist nicht wie auf der Erde, wo das Gesicht das Hauptmerkmal eines Menschen ist. Ich kann auch kein Bild von Personen anfertigen, die ich gesehen habe (z.B. den Engeln rechts und links meiner Großväter, bei denen ich nicht weiß, wer sie sind) aber ich bin mir sicher, dass ich sie im Himmel wiedertreffen und erkennen werde. Und ich möchte herausfinden, wer sie sind.

3. Wissen

Bei Gott weiß und spürt man alles. – Es wird wenig über Sprache, wie wir es kennen, kommuniziert. Ich finde, man kann es ganz gut mit Gedankenübertragung vergleichen. – Ich weiß nicht, ob das nur an der Situation lag, aber ich habe das Gefühl, ich habe das gedacht, gewusst, zusammengerechnet und gefühlt, was Gott wollte. – Ich möchte hier noch einmal wiederholen, dass ich glaube, dass Gott mir etwas sagen wollte. Er wollte mich nicht zu sich holen, nur zeigen, wie wertvoll das Leben ist und wie schnell es vorbei sein kann. Und deshalb sollte man leben! Mir ist es inzwischen total egal, was andere von mir denken. Es ist mein Leben und ich sollte aufhören, meine Träume vor mir herzuschieben. – Meiner Meinung nach ist der Sinn des Lebens, zu leben. Das Leben genießen, denn wir haben nur eins. – Aber trotzdem brauchen wir keine Angst vor dem Tod zu haben, nur davor, nicht gelebt zu haben. Und dabei sollten wir nicht vergessen, dass Gott, unser Vater, immer für uns da ist und uns hilft.

4. Gefühle

Bei Gott gibt es keine Art von Schmerz oder Angst. Vielleicht Mitleid oder Besorgnis, aber keine Angst, wie wir sie kennen.

5. Identität

Man ist nicht „diese eine Person". Vielleicht lag es auch hier wieder an meiner Situation, aber ich habe durch verschiedene „Augen" gesehen. Ich habe das Ganze in drei „Identitäten" sortiert: „Irdisches-Ich", „Seelisches-Ich" und „Äußeres-Ich" (erklärte ich schon genauer; siehe 13). Insbesondere das Äußere-Ich wechselte zu mir häufig unbekannten Personen. – In dem Bericht der 38-jährigen Sabine, die ich schon erwähnte, schrieb sie: „Wenn wir eine Lebensrückschau als Stück spielen, dann wäre ich in dem Stück und gleichzeitig würde ich es als Zuschauer betrachten." Ich finde, das fasst es ganz schön zusammen.

6. Geräusche

Bei Gott gibt es keine Worte, keine Töne oder Geräusche. Alles ist still. Noch leiser als auf dem leisesten Ort der Welt. Aber nicht unangenehm. Und doch ist dort wie eine Art Musik. Jeder hört etwas anderes. Der eine wird vielleicht keine Musik hören, vielleicht Stimmen oder Stille. Ich kann mich da nicht festlegen. Aber ich wusste, dass es individuell für mich war. Ich kann sie nicht beschreiben, nachspielen oder summen, denn diese Musik existiert nicht. Bei Gott ist es vollkommen still.

7. Entfernung

Gott hat keine Entfernung. Wenn man sagt „Gott wohnt im Himmel", so fragt man einen Wissenschaftler und er sagt, wie weit es bis zum Himmel ist. Aber das würde auch nicht stimmen, denn Gott ist überall. Ob im Himmel, wie wir es uns vorstellen, oder auf der Erde in Gestalt seines Sohnes. Und wenn er im Himmel wäre, wo ist er? Sieht er gerade mich, dann kann er die Menschen auf der anderen Seite der Erde nicht sehen. Man kann Gott nicht mit einem Menschen oder dessen vergleichsweise winzige Macht vergleichen. Genauso wenig wie den Himmel, den wir sehen können mit dem Himmel, in dem Gott zu Hause ist. Im Englischen gibt es sogar zwei verschiedene Worte dafür. „Sky" („Himmel" wie Atmosphäre) und „Heaven" (der göttliche Himmel).

Aber auch sonst gibt es keine Entfernungen bei Gott. – Beispiel: der Weg aus Licht. Der Weg bis zu Gott sah recht kurz aus und doch hat es ewig gedauert, bis ich wenigstens die Hälfte des Weges hinter mich gebracht hatte. Ich weiß noch, dass es sehr anstrengend und mühselig war, und doch irgendwie einfach und leicht, weil ich Gott vor Augen hatte. Das Ganze schließt die Zeit auch wieder mit ein. Ich kann weder sagen, wie lange ich für den Weg gebraucht habe, noch wie viele Meter oder Kilometer es waren. Außerdem glaube ich, dass es gar nicht Gottes Plan war, dass ich oben ankommen und ihm gegenüberstehe.

> *Es gibt einfach keine irdischen*
> *Worte, um himmlische Worte in Sprache*
> *zu übertragen.*
> *– Mary C. Neal –*

Mich hat letztens ein Mädchen in meinem Alter gefragt, ob ich an ein Leben nach dem Tod glaube. Und wie es aussehen würde. (Sie ist gläubige Muslimin und wollte etwas über die Denkweise der Christen lernen) Ich wollte in diesem Moment nichts sagen. Es waren noch andere dabei und es fiel mir noch schwer, zu meinem Glauben zu stehen. Heutzutage wird man fast schon abgestempelt, wenn man an Gott glaubt. Ich finde, das Lied „Jesus Freak" von DC Talk hat das schön in Worte gefasst. *(Deutsche Übersetzung: „Was werden die Leute denken, wenn sie hören, dass ich ein Jesus Freak bin? Was werden die Menschen tun, wenn sie feststellen, dass es wahr ist?")* – Zurück zur Frage „Glaubst du an ein Leben nach dem Tod? Und wie würde es aussehen?" – Ja, ich bin mir ziemlich sicher, dass es eine Art Leben nach dem Tod gibt, das jedoch nicht mit dem Leben auf der Erde zu vergleichen ist. Aber genau das ist das Thema: Dinge, die im Himmel anders sind. – Ich kann nicht genau sagen, wie das Leben nach dem Tod aussieht. Weil es jeder anders empfindet, aber auch für mich kann ich es nicht sagen. Ich habe diese „Schwelle", so könnte man es nennen, nicht überschritten. Gott hat mir nur einen kleinen Einblick gegeben.

Die Wahrnehmung des Himmels ist zahlreicher und intensiver, und das Gefühl von Zeit und Dimension sind grundlegend unterschiedlich von unseren Erfahrungen oder Auffassungen hier auf der Erde.
– Mary C. Neal –

Verständnis

In den Tagen nach meinem Erlebnis hatte ich immer wieder das Bedürfnis in der Bibel zu lesen, über diese Erfahrung nachzudenken, dazu zu schreiben oder zu malen, allgemein etwas über Nahtoderfahrungen und Berichte anderer zu hören, mich mit Gott zu beschäftigen und es zu verstehen. Alles andere schien mir unwichtig. Es gab Momente, da konnte ich nicht verstehen, wie Menschen ohne Glauben (mein früheres Ich eingeschlossen) leben können. Gott ist doch das Wichtigste! Er hat uns auf diese Erde gesandt und begleitet uns unser ganzes Leben. Ich bin eigentlich ein Mensch, der jeden toleriert und versucht zu verstehen. Und eigentlich kann ich mich gut in Menschen hereinversetzten, auch was den Glauben angeht, aber in diesen Tagen konnte ich es nicht verstehen. Für mich war Gott das einzig Wichtige.

Vater

Ich hatte immer ein Problem damit, Gott „Vater" zu nennen. Ja, Gott ist der Vater von Jesus, aber wenn ich Gott „Vater" nenne, ist Jesus ja nicht mein Bruder. Außerdem habe ich einen Vater, den ich liebe und mit dem ich sogar biologisch verwandt bin.

Aber seit dem Tag kann ich Gott meinen Vater nennen. Alles andere fühlt sich falsch an. – Meine Verbindung zu meinem biologischen Vater und der zu Gott ist sehr unterschiedlich. – Nur weil ich Gott Vater nenne, heißt es nicht, dass ich meinen irdischen Vater ersetzen will. Nur, dass ich Gott als den Vater aller Menschen, und somit auch meines Vaters, akzeptiere.

Gottesbild

Du sollst dir kein Gottesbild anfertigen. Mach dir überhaupt kein Abbild von irgendwas im Himmel, auf der Erde oder im Meer.

– Bibel –

So lautet das 3. Gebot, welches wir in 2. Mose 20:4 finden. Ich habe lange darüber nachgedacht, 2 Jahre, um genau zu sein. Ich behaupte, dass ich Gott irgendwie gesehen habe, und auch viele andere, die Nahtoderfahrungen hatten, berichten darüber vor ihm gestanden zu haben. In Johannes 6:46 heißt es: „Nicht, dass irgendjemand den Vater je gesehen hat. Nur der eine, der von Gott kommt, hat den

Vater gesehen." Was hiermit in der heutigen Zeit, widerlegt ist.

In 2. Mose 33:18-20 heißt es: „Mose sprach: Lass mich deine Herrlichkeit sehen! Und er (der Herr) erwiderte: (…) Trotzdem darfst du mein Gesicht nicht sehen; denn niemand, der mich sieht, bleibt am Leben." Spoiler Alert: Ich lebe noch…! Daher komme ich mit diesem Bibelvers nicht weiter. – Man könnte argumentieren, dass insbesondere das Alte Testament in vielen Punkten überholt ist, aber vielleicht kann man diese Verse auch anders interpretieren.

Im 5. Buch Mose 4:23 steht: „So hütet euch nun, dass ihr den Bund des HERRN, eures Gottes, nicht vergesst, den er mit euch geschlossen hat, und nicht ein Bildnis macht von irgendeiner Gestalt, wie es der HERR, dein Gott, geboten hat." Andererseits wird im Alten Testament sehr bildhaft und menschlich über Gott gesprochen; z.B. Daniel 7:9: „Da sah ich: Throne wurden aufgestellt, und einer, der uralt war, setzte sich. Sein Kleid war weiß wie Schnee und das Haar auf seinem Haupt wie reine Wolle; Feuerflammen waren sein Thron und dessen Räder loderndes Feuer" das ist übrigens auch das „typische" Bild, das Kinder malen, wenn sie aufgefordert werden Gott zu zeichnen. Einen bärtigen, alten Mann, der auf seinem Thron im Himmel auf einer Wolke sitzt und auf die Menschen achtgibt (vgl. grim.com).

> *Was mit der Sprache erlaubt ist,*
> *brauch doch für den Pinsel nicht*
> *verboten sein.*
> *– grim.com –*

Schulentwicklung.nrw.de berichtet, dass auf dem Konzil von Nikaia (Nicäa) im Jahr 787 entschieden wurde, dass die Kirche, Gottesbilder erlaube, wenn sie nicht angebetet werden, und, wenn sie der Andacht dienen. Allen Christ*innen müsse aber klar sein, dass Bilder niemals Gott selbst darstellen können, sondern nur auf ihn hinweisen können. Ich sehe das ähnlich. In Kapitel „Macht" (ab Seite 30) bin ich bereits auf die sieben Dinge eingegangen, die bei Gott anders sind. Allein schon, weil es bei ihm Farben gibt, die wir hier auf der Erde nicht kennen, ist es unmöglich ihn genauso darzustellen. Ich finde aber auch, es sollte nicht von vornherein verboten sein. – Aber warum ist es überhaupt verboten? „Weil die Schöpferrolle allein Gott zugeschrieben wird, verbietet sich jede Abbildung der Schöpfung." (Quelle: Webseite der Deutschen Welle) Wenn man sich allerdings daran orientieren würde, dürften wir dann überhaupt irgendetwas schaffen? Häuser, Autos, und all die neusten Erfindungen?

Philippus, ein Jünger Jesu, äußerte einmal die Bitte: „Herr, zeig uns den Vater, und es genüge uns." (Joh. 14:8) Jesus entgegnete auf diese Bitte: „Schon so lange bin ich bei euch, und du hast mich nicht erkannt, Philippus? *Wer mich gesehen hat, hat den Vater gesehen." (Joh. 14:9)* Das bringt noch eine ganz andere Idee des Gottesbildes auf, nämlich das, das Gott und Jesus (und der Heilige Geist) Eins seien. → Der dreieinige Gott.

Daran anknüpfend passt eine, uns vermutlich sehr bekannte Stelle, die der Erschaffung der Erde: „Und Gott schuf den Menschen als sein Ebenbild (...) und schuf sie als Mann und

Frau" (1. Mose 1:27) Wir Menschen sind demnach ein Ebenbild Gottes. Wir sehen so aus wie er.

Abschließend finde ich folgende Sichtweise wirklich schön:

Das Gebot aus dem Alten Testament
könnte heute vielleicht so klingen:
Du sollst dir nicht EIN Bild von Gott
machen. Nicht ein ausschließliches
Bild, das Gott in eine feste
Vorstellung hineinzwängt. Du sollst
dir VIELE Bilder machen, nicht nur
mit den Augen, sondern mit allen
Sinnen, mit Körper und Seele.

– deutschlandfunkkultur. de –

Vergleiche

Ich erwähnte, dass ich zwar daran gedacht hatte, dass es einen Nahtoderfahrung sein könnte, ich das aber schnell wieder verwarf, weil das, was ich vorher gehört hatte, nicht dazu passte. Inzwischen habe ich Berichte und wissenschaftliche Aussagen gefunden, die sehr wohl dazu passen.

Ich möchte noch einmal Sabines (38) Bericht als Vergleich dazustellen, denn einige Dinge, die sie beschrieb, sind ähnlich zu meinen.

(...) unendliche Freiheit und Leichtigkeit (...)

Zeit spielte keine Rolle mehr. Ich war eingetaucht in die Unendlichkeit.

Ich hatte den Eindruck, ohne Worte die ganze Welt, mehr noch, das ganze Universum zu verstehen.

Das Licht erfüllte den ganzen Raum bis zur Decke und darüber hinaus.

(...) und vermittelte mir ein riesengroßes Geborgenheitsgefühl (...)

(...) erschien mein ganzes Leben im Zeitraffer vor mir (...) ich sah verschiedene Erlebnisse aus meinem Leben. Ich erkannte alles wieder, (alles fühlte sich an, als sei ich einfach in diese Zeit zurückgegangen und in dem betreffenden Moment ganz gegenwärtig.)

Wohingegen ein anderer Bericht der 8-Jährigen June, die fast im Pool ertrank, zwar auch viele Parallelen, aber eine andere Sichtweise hat.

Gleich ist das Austreten aus dem eigenen Körper, keine Angst mehr verspüren und eine Sache, bei der ich Junes Worte wiedergeben will: „Ich wusste, dass dies der Himmel war, weil alle Dinge strahlten, und alle Leute fröhlich waren."

Unterschiedlich ist, und das war einer der Hauptgründe meiner Zweifel, dass June durch einen Tunnel schritt (und danach im Himmel stand). Ich hingegen bin auf Licht gegangen und habe Gott nur von Weitem gesehen.

Folgende Zitate (erneut von Markolf H. Niemz) haben mich auch weiter bestärkt:

*Nichts berechtigt dazu, das Erlebnis
einer anderen Person
als -Hirngespinst- zu bezeichnen,
solange es nicht selbst erlebt wurde.*

*Wir stufen Nahtoderfahrungen so lange
als real ein, bis wir das Gegenteil
beweisen können.*

5 Phasen

Kenneth Ring teilte fünf Phasen ein, die viele Menschen, die Nahtoderfahrungen durchlebten, teilweise oder sogar vollständig bestätigen können. Auch ich finde mich in einigen Teilen wieder.

Phase 1: Gefühle der Schmerzlosigkeit und des Friedens

„Diese affektive Phase kommt in etwa 60 Prozent aller Nahtoderfahrungen vor."

Ich möchte auch hier wieder in die drei „Ichs" unterteilen.

I. Irdisches-Ich: Nein. Ich habe gehustet, keine Luft bekommen, alles war laut und ich hatte Angst.

II. Seelisches-Ich: Ja. Ich habe Wärme und Geborgenheit verspürt, das Gefühl „nach Hause zu kommen". Alles war leicht, frei, unbeschwert. Allerdings habe ich eine Art Sehnsucht verspürt und an einem Punkt Verzweiflung.

III. Äußeres-Ich: Teilweise. Dieses Ich war in den meisten Fällen eine andere „Person". Daher waren von Gefühlen des inneren Schmerzes und Trauer, über Mitleid und Allwissend-sein, bis hin zum Spüren keiner Emotionen, alles dabei.

Das Irdische-Ich war am unangenehmsten, auch wenn es der Normalzustand eines Menschen ist.

Das Seelische-Ich war wirklich angenehm und ich freue mich darauf, dass irgendwann noch einmal und in die Ewigkeit erleben zu dürfen.

Das Äußere-Ich verwirrt mich etwas, weil es viele verschiedene Charaktere waren, die ich teilweise nicht einmal kenne. Jedoch war es interessant, mich aus einem anderen Blickwinkel betrachten zu können. Und der mentale Abstand war teilweise gut.

Phase 2: Außerkörperliche Erfahrung

„Ein Verlassen des Körpers wird in ungefähr 37 Prozent der Fälle erwähnt."

Ich glaube, ich habe oft genug erwähnt, dass ich als Seelisches-Ich und Äußeres-Ich eine andere Sichtweise und somit ein „Verlassen des Körpers" hatte.

Phase 3: Flug durch einen Tunnel oder dunklen Raum

„Rund 23 Prozent aller Nahtoderfahrenden schildern, dass sie sich in dunkler Umgebung (Tunnel, Höhle, Tal) wiederfinden."

Das kann ich nicht bestätigen. Eventuell schon, wenn man bei dem Weg aus Licht in der dunklen Nacht hinzuzählt. Ich würde es allerdings nicht dazuordnen, denn es war alles andere als dunkel dort. Vor, hinter und unter mir war helles Licht. Ich war nie von Dunkelheit umgeben, und ein negatives Gefühl hatte ich dabei auch nicht. Im Gegenteil.

Phase 4: Begegnung mit einem hellen Licht

„Etwa 16 Prozent aller Nahtoderfahrenden sich einem hellen Licht begegnet" (…) (unbekannter Bericht): „Ich spüre eine alles durchdringende Intelligenz, Weisheit, Mitgefühl, Liebe und Wahrheit (…) Es (eine Gestalt) enthielt alles, so wie weißes Licht alle Farben des Regenbogens enthält, wenn es durch ein Prisma fällt."

Das Licht, dass alles enthält und ganz anders ist, erwähnte ich auch schon.

    I.   Weg aus Licht (ich dachte erst, es sei Glas)
   II.   Licht aus dem Wolkenloch (nicht blendend, Personen erkennbar)
 III.   Licht hat keine Farben und doch alle gleichzeitig

Phase 5: Jenseitskontakte, Lebensrückschau

„Die letzte Phase beschreiben nur noch 10 Prozent der Betroffenen."

Jenseitskontakte: Ja und Nein. Ja, weil ich meine beiden verstorbenen Großväter gesehen habe. Nein, weil sie weit weg waren. Viele beschrieben, dass sie mit verstorbenen Menschen sprechen konnten und sie mit ihnen in einer „wunderschönen Landschaft" standen. Trotzdem würde ich Ja sagen, weil ich sie gesehen und ihre Liebe gespürt habe.

Lebensrückblick: Auch hier sage ich mit einem kurzen Zögern ja. Ich zögere deswegen, weil es ganz anders war, als ich es mir vorgestellt hatte. Und etwas anders und einfacher, als die meisten Menschen es berichten. Trotzdem Ja, weil ich alle möglichen Situationen (Erinnerungen) gesehen habe. Allerdings auch Bilder und Sätze, die ich nicht kenne, sich aber trotzdem vertraut anfühlen. Vielleicht Träume, vielleicht Zukunftsblicke. Das wäre schön. Ich mache mir nicht so große Hoffnungen, dass es wirklich passiert, was aber auch nicht heißt, dass ich nicht um meine Träume kämpfe.

Hypothesen

Markolf H. Niemz fasste in seinem Buch „Bin ich, wenn ich nicht mehr bin?" die fünf häufigsten Erklärungsversuche zusammen. Vier von ihnen entkräftete er. Die Erklärungsversuche stammen aus der *Physiologie*, *Pharmakologie*, *Neurologie*, *Psychologie* und den *Betroffenen selbst*.

Hypothese 1: Nahtoderfahrungen sind Halluzinationen, ausgelöst durch Sauerstoffmangel im Gehirn.

Hypothese 2: Nahtoderfahrungen sind Glücksgefühle, ausgelöst durch Chemikalien im Gehirn.

Hypothese 3: Nahtoderfahrungen sind Illusionen, ausgelöst durch elektrische Aktivität im Gehirn.

Hypothese 4: Nahtoderfahrungen sind ein Spiegel dessen, wie wir uns den Tod vorgestellt haben.

Obwohl Niemz diese Hypothese mit dem Beispiel eines sechsjährigen Kindes, welches die Thematik aufgrund des Alters noch völlig fremd ist, entkräftet, möchte ich einwenden, dass es bei mir teilweise zutrifft, allerdings den Zauber daran raubt.

Ich habe mir vorher schon einmal Gedanken über den Tod gemacht und bin dabei auch an Nahtoderfahrungen vorbeigekommen. – Gleich ist bei meiner Vorstellung und meinem Erlebnis das „Hochschweben", eine Begegnung mit Gott, schon verstorbenen Menschen und Engel sehen, so wie eine Lebensrückschau. Wobei dies anders war als ich es mir vorgestellt hatte. Aber im Großen und Ganzen war alles da. – Unterschiedlich ist, dass ich nie allein war. Der Tod war immer bei mir. Die Perspektivenwechsel, Weg aus Licht, keine Gesichter, die andere Kommunikation, kein Ton und die Angst beim Irdischen-Ichs.

Hypothese 5: Nahtoderfahrungen sind real.

Wie ich finde, die schönste und vertrauteste Hypothese. Es hat sich real angefühlt und auch, wenn ich zwischendurch Zweifel hatte (Stichwort: Phantasie), bin ich mir sicher, dass Gott es wollte, genauso. Er wollte mir zeigen, dass er immer da ist. Wie schön das Leben ist und wie sehr ich darum kämpfen würde. Wir brauchen aber auch keine Angst vor dem Tod zu haben. Er hat mir einen kleinen Einblick in seine Welt gegeben und ich weiß, es ist wunderbar dort.

Wer sich ernsthaft auf das Gespräch
mit einem Nahtoderfahrenen einlässt,
spürt sofort, wie er von der Realität
seines Erlebnisses überzeugt ist. Ich
kenne sonst niemanden, der mit einer
vergleichbaren Gewissheit über

*letztere Dinge sprechen kann. Dass
der Tod nicht das Ende von allem ist,
steht für ihn ebenso fest wie die
Tatsache, dass 1+1=2 ist.
- Markolf H. Niemz -*

Wie ich finde, das schönste Zitat von allen. :)

Angst später

Zu dem Zeitpunkt, als ich dies hier geschrieben habe, waren neun Monate vergangen und ich hatte Angst. Jedes Mal, wenn ich mich verschluckt habe, oder sonst irgendwie schlecht Luft bekommen hatte, hatte ich Angst, dass ich das noch einmal erlebe. Nicht falsch verstehen. Es war ein unglaublich beeindruckendes, schönes und mächtiges Erlebnis und ich bin unfassbar dankbar, dass ich es erleben durfte. Und ich freue mich darauf es irgendwann später noch einmal erleben zu dürfen, wenn ich bei Ihm bleiben darf. Aber ich hatte das Gefühl zu sterben und bin mit dieser Erkenntnis zurückgekommen (auch wenn ich nie ganz weg war, nur irgendwie dazwischen). Ich habe Gott gesehen, Menschen, die bereits tot sind, Bilder, die sonst niemand gesehen hat. Und, ja, ich weiß, es gibt einige Menschen, denen es ähnlich geht. Aber trotzdem fühle ich mich verändert. Ich habe eine neue Sicht auf das Leben, das Sterben und Gott. Ich fühle mich anders. Ohne damit überheblich wirken zu wollen. Es fühlt sich an, als würde mich niemand verstehen können...

...und das versuche ich hiermit zu ändern!

„Beautiful Heaven“
(Wunderschöner Himmel)

Ich habe einen Song über mein Erlebnis geschrieben, der das
Ganze noch einmal zusammenfasst:

He is there and loves us all

(Er ist da und liebt uns alle)

He was showing me how beautiful heaven is

(Er hat mir gezeigt, wie wunderschön der Himmel ist)

We don´t need to be afraid of death

(Wir brauchen keine Angst vor dem Tod zu haben)

1.

I don´t know which god you trust

(Ich weiß nicht, welchem Gott du vertraust)

but I´m sure he loves us all

(aber ich bin mir sicher, er liebt uns alle)

It doesn´t matter who you are

(Es ist egal, wer du bist)

God's love is almighty

(Gottes Liebe ist allmächtig)

´Cause he is there and loves us all

(Weil er da ist und uns alle liebt)

He was showing me how beautiful heaven is

(Er hat mir gezeigt, wie wunderschön der Himmel ist)

We don´t need to be afraid of death

(Wir brauchen keine Angst vor dem Tod zu haben)

2.

I saw him in heaven

(Ich habe ihn im Himmel gesehen)

He wanted that I saw that

(Er wollte, dass ich das sehe)

This was an incredible moment

(Das war ein unbeschreiblicher Moment)

Whenever I remember

(Immer, wenn ich mich erinnere)

I can feel his love again

(kann ich seine Liebe spüren)

´Cause he is there and loves us all

(Weil er da ist und uns alle liebt)

He was showing me how beautiful heaven is

(Er hat mir gezeigt, wie wunderschön der Himmel ist)

We don´t need to be afraid of death

(Wir brauchen keine Angst vor dem Tod zu haben)

3.

I´m feeling different now

(Ich fühle mich jetzt anders)

I don´t think that I was dead

(Ich glaube nicht, dass ich tot war)

but I was feeling like that

(aber es hat sich so angefühlt)

I saw God and pictures that no one else saw

(Ich habe Gott gesehen und Bilder, die niemand anderes gesehen hat)

It feels like no one can understand me

(Es fühlt sich an, als könnte mich niemand verstehen)

´Cause he is there and loves us all
(Weil er da ist und uns alle liebt)
He was showing me how beautiful heaven is
(Er hat mir gezeigt, wie wunderschön der Himmel ist)
We don´t need to be afraid of death
(Wir brauchen keine Angst vor dem Tod zu haben)

I believe that God waits there
(Ich glaube, dass er dort wartet)

Danke

Danke an meinen Pfarrer, der mich von Anfang an ernst genommen hat, immer ein offenes Ohr für mich hatte und mir gezeigt hat, dass es keine Spinnereien in meinem Kopf sind (oder wie schon häufiger erwähnt, Phantasie). Durch ihn habe ich gelernt, meinen Glauben nicht zu leugnen und mutig zu sein, wenn es darum geht, mich mitzuteilen, über Gott und das, was er mir geschenkt hat, zu sprechen.

Danke an meine Religionslehrerin in der 10. Klasse, die mir die Möglichkeit gab, in meinem Reli-Kurs genau darüber zu sprechen. Und auch für die wahnsinnig schöne Reaktion, als ich ihr davon erzählt habe. Das bedeutet mir wirklich viel.

Danke an meine Eltern, die sich trotz anfänglicher Ungläubigkeit und Unverständnis Mühe gaben, mich zu verstehen. Und auch, dass sie mir die Möglichkeit geben, mich mitzuteilen.

Danke an meine Freundin, die, auch wenn es mir zuerst schwer fiel davon zu erzählen, mich zu nichts gedrängt hat und das Thema ruhen gelassen hat, wenn sie merkte, dass ich nicht darüber sprechen mochte.

Quellen

Markolf H. Niemz

(Buch „Bin ich, wenn ich nicht mehr bin?")

- ➢ Berichte Sabine (38)
- ➢ Berichte June (8)
- ➢ Hypothesen
- ➢ Zitate

Kenneth Ring

(erwähnt im Buch „Bin ich, wenn ich nicht mehr bin?"
von Markolf H. Niemz)

- ➢ 5 Phasen

Mary C. Neal

- ➢ Zitate

DC Talk

- ➢ Song-Zeile aus „Jesus Freak"

Gottesbild

- ➢ grim.com
- ➢ schulenentwicklung.nrw.de
- ➢ dw.com
- ➢ deutschlandfunkkultur.de

Die Bibel

- ➢ diverse Verse